Süße Weihnacht

DIE SCHÖNSTEN REZEPTE FÜR DIE ADVENTSZEIT

Lecker!
Das Beste aus
BLOOM's DECO
inklusive festlicher
Dekoideen

BLOOM's

Wunderbarer Weihnachtszauber

Wenn die Tage kürzer werden und der himmlische Duft von frischgebackenen Lebkuchen, Bratäpfeln und würzigem Punsch durch unser Zuhause strömt, ist es endlich wieder so weit: Die besinnlichste Zeit des Jahres hat begonnen. Und mal ehrlich: Wie könnte diese Stimmung schöner zelebriert werden als bei einem gemütlichen Adventskaffeeklatsch mit Kerzenschein im Kreise der Liebsten? Machen Sie die festlichen Wochen vor Heiligabend also auch zu einem Fest für den Gaumen! Frei nach dem Motto „Vorfreude ist die schönste Freude" haben wir Ihnen dafür eine Auswahl raffinierter Rezeptideen zusammengestellt, bei denen nicht nur kleine Schleckermäuler geradezu in Verzückung geraten werden. Ob knuspriges Kleingebäck, feingewürzter Glögg oder cremige Dessertklassiker – mit diesem Buch halten Sie den perfekten Begleiter für die verführerische Vorweihnachtszeit in den Händen. Na, Appetit bekommen? Dann stürzen Sie sich ins Koch- und Backvergnügen! Damit begeisterte Profis und ungeübte Zuckerbäcker gleichermaßen perfekt planen können, haben wir jedem Rezept eine Schwierigkeitsstufe ( ), Zubereitungsdauer ( ) sowie Mengenangabe ( ) hinzugefügt. Fürs Gelingen ganz wichtig: Alle unsere Gradangaben beziehen sich auf Ober- und Unterhitze. Und weil Teig kneten und Co. umgeben von magischem Weihnachtsflair gleich doppelt so viel Spaß macht, liefern wir Ihnen noch originelle Dekorationsinspirationen dazu – von simpel bis anspruchsvoll ( ), von duftenden Windlichtern im Gewürzmantel bis hin zum stylishen Adventskranz aus Wolle.

Viel Freude beim Nachbacken und Kreativsein!

Inhalt

Dunkles Shortbread

ENGLISCHER KLASSIKER NEU INTERPRETIERT

ca. 65 Stück | ca. 1 ½ Stunden | leicht

ZUTATEN

Für den Teig:

* 300 g Mehl
* 250 g sehr kalte, gesalzene Butter in kleinen Stücken
* 85 g Zucker
* 25 g Kakaopulver

Zum Verzieren:

* Zucker

ZUBEREITUNG

Die Zutaten zu einem krümeligen Teig verarbeiten. Kurz auf einer kalten, dünn mit Mehl bestäubten Unterlage durchkneten und anschließend mithilfe eines Nudelholzes ausrollen. Sterne ausstechen und auf ein mit Backpapier ausgelegtes Blech geben. Im vorgeheizten Backofen bei 150 °C 10 bis 15 Minuten backen. Die noch heißen Sterne in Zucker wälzen und abkühlen lassen.

Braune Taler

EINFACH, ABER LECKER

ca. 50 Stück | ca. 1 ½ Stunden (ohne Kühlzeiten) | leicht

ZUTATEN

Für den Teig:
* 400 g Mehl
* 300 g weiche Butter
* 125 g Zucker
* 40 g Kakaopulver
* Mark von 1 Vanilleschote
* 1 Prise Salz

Zum Verzieren:
* 100 g dunkle Kuvertüre
* 1 verquirltes Eiweiß
* grober Rohrohrzucker

ZUBEREITUNG

Kakao, Butter, Vanillemark, Zucker und Salz verrühren. Anschließend mit Mehl zu einem glatten Teig verkneten. Bei Bedarf etwas Wasser hinzufügen. Den Teig in zwei Hälften teilen und etwa 30 Minuten kalt stellen. Aus jedem Teigstück eine Rolle mit ca. vier Zentimetern Durchmesser formen und erneut für etwa zwei Stunden kalt stellen. Die Teigrollen mit dem Eiweiß bestreichen, im Rohrzucker wälzen und diesen leicht andrücken. Dann die Rollen in ca. einen halben Zentimeter dicke Scheiben schneiden. Diese mit etwas Abstand auf einem mit Backpapier belegten Blech verteilen und im vorgeheizten Ofen bei 160 °C etwa 15 Minuten backen. Auskühlen lassen. Kuvertüre schmelzen, die Plätzchen zur Hälfte darin eintunken und trocknen lassen.

Tipp

Wer es weniger herb mag, nimmt statt dunkler einfach weiße Kuvertüre. Die sorgt außerdem auch optisch für einen schönen Kontrast!

Rotweinkuchen

SCHOKOLADIG UND SAFTIG

ca. 12–16 Stücke | ca. 1 ½ Stunden (ohne Kühlzeit) | leicht

ZUTATEN

Für den Teig:

* 250 g Mehl
* 250 g Margarine
* 200 g Zucker
* 150 g fein gehackte dunkle Kuvertüre
* 5 Eier
* ⅛ l Rotwein
* ¾ Pck. Backpulver
* 1 TL Zimt
* 1 TL gemahlene Gewürznelken
* 1 TL Kakao

Zum Verzieren:

* 200 g dunkle Kuvertüre
* evtl. etwas Kakao

ZUBEREITUNG

Margarine, Zucker und Eier schaumig rühren. Zimt, Kakao und gehackte Kuvertüre dazugeben. Gesiebtes Mehl mit Backpulver vermischen und unterrühren. Den Rotwein dazugeben. In eine Kuchenform füllen und bei 175 bis 200 °C ca. eine Stunde backen. Aus dem Ofen nehmen und abkühlen lassen. Die Kuvertüre im Wasserbad schmelzen und den Kuchen damit überziehen. Eventuell zusätzlich mit Kakao bestäuben.

Nanaimo-Riegel

DREIFACH GESCHICHTET

ca. 8–10 Stück | ca. 1 Stunde (ohne Kühlzeiten) | anspruchsvoll

ZUTATEN

Für die untere Schicht:

* 250 g zerkrümelte Butterkekse
* 100 g Butter
* 100 g dunkle Kuvertüre
* 50 g fein gehackte Haselnüsse
* 50 g Kokosraspeln
* 50 g Zucker
* 3 TL Kakaopulver
* 1 verquirltes Ei

Für die mittlere Schicht:

* 100 g weiche Butter
* 500 g Puderzucker
* 6 EL Custard Powder (alternativ Vanillepuddingpulver)

Für die obere Schicht:

* 50 g weiche Butter
* 80 g dunkle Kuvertüre
* 50 g Puderzucker

ZUBEREITUNG

Für die untere Schicht Kuvertüre, Butter und Zucker im Wasserbad schmelzen und das Ei hinzufügen. Dabei mehrmals umrühren. Vom Herd nehmen und die restlichen Zutaten dazugeben. Die Masse etwa einen Zentimeter hoch auf ein Backblech oder in eine Auflaufform (ca. 25 x 25 Zentimeter) geben und etwa eine Stunde lang in den Kühlschrank stellen. Für die mittlere Schicht alle Zutaten mit sechs bis acht Esslöffeln Wasser zu einer Masse verrühren und auf der unteren Schicht verteilen. 30 Minuten kalt stellen. Für die obere Schicht Kuvertüre und Butter im Wasserbad schmelzen, den Puderzucker hinzufügen. Alles auf der mittleren Schicht verteilen. Nochmals eine Stunde in den Kühlschrank stellen, dann die feste Masse in Riegel schneiden.

Süße Verlockungen

Advents-Guglhupf

Nette Alternative zum klassischen Kranz. Einfach eine Kuchenform mit Steckschaum füllen, die Kerzen auf Haltern darin verankern und die Zwischenräume mit grünen Koniferenzweigen, angedrahteten Zapfen, Nüssen, Gewürzen und Schleifen ausstecken.

Appetitlicher Hingucker für die weihnachtliche KAFFEETAFEL. Die Basis bildet ein umwickelter Kranz, auf dem eine umgedrehte Backform mit Heißkleber befestigt wird. Die angedrahtete Stumpenkerze findet in der mit Steckschaum gefüllten Vertiefung der Form Halt.

AUGENSCHMAUS. Das florale Törtchen entsteht aus verschiedenen Steckschaumschichten, die mit Nüssen, Gewürzen und Zapfen beklebt oder mit Schleierkraut und Koniferengrün besteckt werden. Ein Spieß in der Mitte hält alles zusammen.

Schokonocken

ZUTATEN (für ca. 8 Portionen): 200 g dunkle Kuvertüre, 200 ml Schlagsahne, 100 ml Milch, 80 g Puderzucker, 4 Eigelb

ZUBEREITUNG: Puderzucker und Eigelbe mit dem Handmixer schaumig schlagen. Schlagsahne und Milch erhitzen, aber nicht zum Kochen bringen. Über die Zucker-Eigelb-Masse gießen und alles unter ständigem Rühren aufkochen lassen, bis die Creme so dick ist, dass sie auf einem Löffelrücken haftet und ein Fingerabdruck darin sichtbar bleibt. Vom Herd nehmen, Schokolade zugeben und unter Rühren in der Masse schmelzen lassen. Im zugedeckten Topf etwa eine Stunde in den Kühlschrank stellen. Herausnehmen und mit zwei Esslöffeln Nocken formen.

Wollkranz

NICHT NUR FÜR STRICKLIESELN

ca. 2–3 Stunden | anspruchsvoll

DAS BRAUCHEN SIE

- 2 gleich große Strohkränze
- 4 Stabkerzen
- Dekosterne
- Römerband (vom Floristen)
- dicke Wolle
- dicke Rundstricknadeln
- Steckdraht
- Haften
- Kombizange
- Messer
- Heißkleber
- Schere
- Silberflechte
- trockene Floralien wie z. B. Amberbaumfrüchte, Silberblatt, rote Pfefferbeeren

SO WIRD'S GEMACHT

Die zwei Strohkränze aufeinanderlegen und mit Römerband zusammen umwickeln. Mit Rundnadeln einen „Schal" stricken, der im Durchmesser um die Kränze passt. Heißkleber sorgt dabei für den nötigen Halt. Die Kranzober- und -innenseite mithilfe von Haften mit Silberflechte abdecken. Die Kerzen andrahten und auf den Kranz stecken. Getrocknete Floralien und Dekosterne mit Heißkleber auf der Flechte befestigen.

Tipp

Zum Andrahten der Kerzen je ca. drei Drähte mithilfe einer Zange in einer Flamme erhitzen und vorsichtig von unten etwa zwei Zentimeter tief in das Wachs bohren. Die herausragenden Enden auf ca. drei Zentimeter einkürzen.

Mokkaknöpfe

MIT ÜBERRASCHUNGSEFFEKT

ca. 30 Stück | ca. 1 Stunde (ohne Kühlzeiten) | mittel

ZUTATEN

Für den Teig:

* 125 g Mehl
* 125 g zimmerwarme Butter
* 50 g Puderzucker
* 30 g Speisestärke
* 1 EL Kakao
* 1 EL lösliches Espressopulver
* 1 Prise Salz

Für die Füllung:

* ca. 30 Mokkabohnen aus Schokolade

Zum Verzieren:

* 150 g weiße Kuvertüre

ZUBEREITUNG

Den Backofen auf 180 °C vorheizen. Mehl, Speisestärke, Kakao, Espressopulver und Salz mischen. Die Butter und den Puderzucker cremig schlagen. Die Mehlmischung vorsichtig mit einem Schneebesen unterrühren. Alles zu einem glatten Teig verkneten. Den Teig in Folie gewickelt etwa zwei Stunden im Kühlschrank kalt stellen. Aus dem Teig kleine Kugeln formen, dabei jeweils eine Mokkabohne in die Mitte drücken und den Teig drumherum schließen. Die Kugeln auf ein mit Backpapier ausgelegtes Blech setzen und zehn bis zwölf Minuten backen. Danach herausnehmen und auskühlen lassen. Die Kuvertüre grob hacken und im heißen Wasserbad schmelzen. Kuvertüre in einen Spritzbeutel füllen und die Mokkaknöpfe damit netzartig verzieren.

Tipp

Legen Sie die Plätzchen zum Verzieren dicht an dicht nebeneinander, so können Sie sie zügig alle auf einmal mit einem feinen Schokoladengitter überziehen.

Vanillekipferl

NACH OMAS LIEBLINGSREZEPT

ca. 60 Stück | ca. 40 Minuten (ohne Kühlzeit) | leicht

ZUTATEN

Für den Teig:

* 280 g Mehl
* 210 g Butter
* 100 g gemahlene Mandeln
* 70 g Zucker
* 1 Eigelb
* 1 Vanilleschote
* 1 Prise Salz

Zum Verzieren:

* 100 g Puderzucker
* 2 Pck. Vanillezucker

ZUBEREITUNG

Mehl mit gemahlenen Mandeln, Zucker und Salz mischen. Vanillemark, die Butter in Stückchen sowie das Eigelb zufügen und alles miteinander verkneten. Teig zu einer Kugel formen, in Frischhaltefolie wickeln und etwa 30 Minuten in den Kühlschrank legen. Den Backofen auf 180 °C vorheizen. Ein Backblech mit Backpapier auslegen. Aus dem Teig ca. zwei Zentimeter dicke Rollen formen. Diese in etwa zwei Zentimeter lange Stücke teilen und behutsam zu Kipferln formen. Auf das Blech legen und ca. zehn Minuten auf der mittleren Schiene goldgelb backen. Den Puderzucker mit Vanillezucker mischen. Die heißen Kipferl in der Zuckermischung wälzen und auf einem Kuchengitter abkühlen lassen.

Tipp

Achten Sie bei den gemahlenen Mandeln darauf, dass sie geschält sind. So werden die Kipferl besonders fein und bleiben schön hell.

Zuckergusskuchen

WINTERWALD IM SCHNEEGESTÖBER

1 Kuchen und ca. 20 Kekse | ca. 2 ½ Stunden (ohne Kühl- und Trockenzeiten) | anspruchsvoll

ZUTATEN

Für den Kuchenteig:

* 500 g Mehl
* 200 g weiche Butter
* 125 ml Milch
* 200 g Zucker
* 1 Pck. Vanillezucker
* 1 Pck. Backpulver
* 3 Eier
* 1 Prise Salz

Für den Keksteig:

* 300 g Mehl
* 200 g kalte Butter
* 100 g Zucker
* 1 Ei
* Salz

Zum Verzieren:

* ca. 300 g Puderzucker
* 4 Eiweiß

ZUBEREITUNG

Für den Kuchen Eier und Zucker schaumig schlagen. Weiche Butter, Milch, Salz, Mehl und Backpulver unterrühren. Form fetten und den Teig einfüllen. Bei 175 °C ca. 60 Minuten backen. Für den Keksteig alle Zutaten vermischen und 30 Minuten im Kühlschrank ruhen lassen. Die Masse ausrollen und mit dem Messer Kekse in Tannenform ausschneiden. Diese bei 180 °C etwa zehn Minuten backen und danach abkühlen lassen. Für den Zuckerguss die Eiweiße steif schlagen und unter Rühren nach und nach 250 Gramm Puderzucker einrieseln lassen. Den Guss in mehreren Schichten auftragen, damit eine unebene Schneelandschaft entsteht. Tannenkekse in den Kuchen stecken und mit Schaschlikspießen fixieren. Wenn der Guss getrocknet ist, die Spieße vorsichtig herausziehen und die Bäumchen mit dem restlichen Puderzucker bestäuben.

Macarons

TYPISCH FRANZÖSISCH

ca. 24 Stück | ca. 1 ½ Stunden (ohne Kühlzeiten) | anspruchsvoll

ZUTATEN

Für die Masse:

* 45 g blanchierte gemahlene Mandeln
* 75 g Puderzucker
* 1 Eiweiß (36 g)
* 10 g Zucker

Für die Füllung (Ganache):

* 100 g helle Kuvertüre
* 20 g Sahne

ZUBEREITUNG

Mandeln und Puderzucker mixen und durch ein Sieb passieren. Das Eiweiß schlagen. Sobald es schaumig wird, den Zucker dazugeben und weiter schlagen. Danach die Mandel-Puderzucker-Mischung vorsichtig mit der Eiweißmasse verrühren, bis eine dickflüssige Creme entsteht. Diese mithilfe eines Spritzbeutels in kleinen Kreisen auf ein Backblech geben und das Ganze 20 bis 30 Minuten ruhen lassen. Danach werden die Macarons für ca. 13 Minuten bei 160 °C gebacken, auf eine kühle Fläche gelegt und erst nach vollständigem Erkalten weiter verarbeitet. Für die Ganache die helle Kuvertüre einfach in der erhitzten Sahne schmelzen und gut verrühren. Etwas abkühlen lassen und mit einem Löffel auf jeweils einer Macaron-Schale verteilen, anschließend eine zweite darauf setzen. Die Macarons beiseite stellen, bis die Ganache fest geworden ist.

Mit Lebensmittelfarben verpassen Sie den Macarons ganz einfach einen bunten Look.

Tipp

Schneeberge

LEICHT UND LUFTIG

ca. 60 Stück | ca. 30 Minuten (ohne Trocken- und Kühlzeit) | leicht

ZUTATEN

Für die Masse:

* 125 g feiner Zucker
* 100 g Puderzucker
* 50 g Pistazienkerne
* 4 Eiweiß
* eine Prise Salz

Zum Verzieren:

* Pistazienkerne

ZUBEREITUNG

Die Pistazien mittelfein hacken. Das Eiweiß mit Salz in einer großen Rührschüssel mit dem Handrührer oder der Küchenmaschine auf höchster Stufe schlagen, bis es steif ist. Den Zucker langsam einrieseln lassen und weiter schlagen, bis er sich ganz aufgelöst hat. Den Puderzucker über den Eischnee sieben. Vorsichtig mit einem Holzlöffel unterheben, bis alle Klümpchen verschwunden sind. Zwei Drittel der Pistazien ebenfalls vorsichtig unterheben. Den Backofen auf 80 °C vorheizen. Das Backblech mit Backpapier auslegen. Die Masse in einen Spritzbeutel mit Lochtülle füllen, auf das Backpapier kleine Häufchen spritzen und die restlichen Pistazien darauf streuen. Die Baisers im Backofen etwa zwei bis drei Stunden trocknen lassen und darauf achten, dass sie weiß bleiben. Auf einem Kuchengitter abkühlen lassen und anschließend in Pralinenförmchen setzen.

Weiße Winterträume

Elegantes Blütenwunder

Ob es friert oder schneit: Christrosen trotzen der kalten Jahreszeit und verschönern den Garten mit ihrer stilvollen Optik. In Begleitung von Kiefernzweigen und arrangiert in Sektgläsern machen sie aber auch als Centerpieces auf der Weihnachtstafel eine ausgezeichnete Figur.

Bei diesem winterlichen Arrangement fungieren zwei SCHNEEFLÖCKCHEN aus Styropor als Außenverkleidung der Glasröhrchen. Miteinander verbunden werden die hübschen Winterboten durch einen an den Schaum geklebten Holzstab.

So edel: Ein schlichtes Gefäß unterstreicht die feine Eleganz der schneeweißen Christrosen optimal. Umgeben von einem dichten Meer aus Schleierkraut wirken die zarten BLÜTENSCHÖNHEITEN besonders romantisch.

Schneekugeln

ZUTATEN (für ca. 70 Stück): *Für den Teig:* 230 g Mehl, 230 g Butter, 230 g Zucker, 1 Bio-Zitrone, 4 Eier, 200 g helle Kuvertüre, 150 ml Kokoslikör, 1 Prise Salz. *Zum Verzieren:* 350 g helle Kuvertüre, 150–200 g Kokosraspeln

ZUBEREITUNG: Mehl, Zucker, Butter, Eier und Salz verrühren. Etwa 45 Minuten ruhen lassen. Anschließend in einer Kuchenform 40 bis 45 Minuten bei 180 °C backen, stürzen und abkühlen lassen. 200 Gramm Kuvertüre hacken und im Wasserbad schmelzen. Den kalten Kuchen fein zerkrümeln. Die Zitrone heiß abspülen, trocken tupfen und die Schale fein abreiben. Mit der geschmolzenen Kuvertüre, dem Likör und den Kuchenstücken verkneten und zwei Stunden kalt stellen. Aus dem Teig etwa 70 Kugeln formen. Restliche Kuvertüre hacken und schmelzen. Kugeln hineintauchen, gut abtropfen und in den Kokosraspeln wälzen. Vor dem Servieren trocknen lassen.

Winter-Etagere

STILLLEBEN AUF MEHREREN EBENEN

ca. 30 Minuten | leicht

DAS BRAUCHEN SIE

* dreistöckige Etagere (möglichst silberfarben)
* Teelichtgäser in Silberoptik in verschiedenen Größen
* Teelichter
* Seidenblumenkranz mit Christrosen
* Christbaumkugeln in Weiß, Silber und Grüntönen
* kleine künstliche grüne Äpfel
* Künstliche weiße oder gewachste Birnen
* transparente Kunststoffsterne oder Dekokristalle
* verschiedene Bänder in Weiß, Silber und Grüntönen
* Dekoschnee
* Kneifzange
* Schere
* Kissenmoos
* Pinienzapfen

SO WIRD'S GEMACHT

Die Accessoires und natürlichen Schmuckstücke nach Belieben auf der Etagere anordnen. Dabei darauf achten, dass die größeren und optisch schwerer wirkenden, wie zum Beispiel Pinienzapfen, unten drapiert werden. Auf der mittleren Ebene den Blütenkranz mit einigen kleinen Äpfeln arrangieren. Alles mit einer feinen Schicht Dekoschnee bestäuben. Oben am Griff ein paar lang herabfließende Bänder festknoten und die Etagere an einem zugfreien Ort platzieren.

Tipp

Wenn Sie Ihre Etagere nicht auseinandernehmen können, schneiden Sie den Kranz an einer unauffälligen Stelle einfach mit der Zange auf. Die Schnittstelle wird beim Arrangieren dann entsprechend kaschiert.

Aprikosen-Spitzbuben

FRUCHTIGE DOPPELDECKER

ca. 60 Stück | ca. 2 Stunden (ohne Kühlzeiten) | leicht

ZUTATEN

Für den Teig:

* 375 g Mehl
* 250 g kalte Butter
* 125 g Zucker
* 1 Pck. Vanillezucker

Für die Füllung:

* ca. 200 g Aprikosenmarmelade

Zum Verzieren:

* Puderzucker

ZUBEREITUNG

Mehl auf eine Arbeitsfläche sieben, in die Mitte eine Vertiefung drücken und Zucker und Vanillezucker hineingeben. Butter in Stücken auf dem Mehlrand verteilen. Alles rasch zu einem geschmeidigen Teig verkneten, zur Kugel formen und in Alufolie gewickelt mindestens eine Stunde in den Kühlschrank legen. Auf einer bemehlten Arbeitsfläche den Teig ca. einen halben Zentimeter dick ausrollen. Mit einem runden Ausstecher (Durchmesser etwa drei Zentimeter) Kreise ausstechen und auf ein mit Backpapier belegtes Blech legen. Die Plätzchen bei 175 °C im vorgeheizten Backofen ca. zehn bis zwölf Minuten backen. Auf einem Kuchengitter auskühlen lassen. Die Hälfte der abgekühlten Plätzchen mit der Marmelade bestreichen, die unbestrichenen daraufsetzen und mit Puderzucker bestäuben.

Tipp

Bei der süßen Füllung können Sie variieren. Zu empfehlen ist auch Quittengelee. Wer lieber rote Fruchtaufstriche mag, nimmt Himbeer- oder Johannisbeergelee.

Sterntaler

HIMMLISCHE GRÜSSE

ca. 35 Stück | ca. 2 Stunden (ohne Kühlzeiten) | mittel

ZUTATEN

Für den Teig:

* 200 g Mehl
* 200 g Butter
* 200 g Zucker
* 100 g gemahlene Haselnüsse
* 100 g gemahlene Mandeln
* 1 Prise Salz

Für die Füllung:

* ca. 100 g Pflaumenmus

ZUBEREITUNG

Weiche Butter und Zucker schaumig rühren. Mehl und eine Prise Salz unterkneten. Den Teig halbieren. Eine etwas großzügigere Hälfte mit Haselnüssen, die andere Hälfte mit Mandeln verkneten. Beide Teigkugeln über Nacht in Folie gewickelt in den Kühlschrank legen. Den Backofen auf 180 °C vorheizen. Haselnuss- und Mandelplätzchenteig nacheinander auf einer bemehlten Arbeitsfläche dünn ausrollen. Plätzchen ausstechen. Bei den Mandelplätzchen zusätzlich einen Stern in der Mitte ausstechen. Auf ein mit Backpapier belegtes Blech geben. Haselnussplätzchen etwa zehn bis zwölf Minuten, die Mandelplätzchen nur ca. acht bis zehn Minuten backen. Die Kekse abkühlen lassen und anschließend jeweils einen Haselnuss- und einen Mandelkeks mit etwas Pflaumenmus zusammensetzen.

Tipp

Besonders weihnachtlich schmecken die Sterntaler, wenn Sie der Pflaumenmusfüllung etwas Zimt beimischen.

Lebkuchensterne

TOLL ZUM DEKORIEREN UND VERSCHENKEN

ca. 40 Stück | ca. 1 Stunde (ohne Kühlzeiten) | leicht

ZUTATEN

Für den Teig:

- 600 g Mehl
- 250 g Butter
- 80 g Zuckerrübensirup
- 80 g Honig
- 180 g brauner Zucker
- je eine Msp. Zimt, gemahlene Gewürznelken, Piment und Kardamom (oder fertiges Lebkuchengewürz)
- 1 TL Natron
- 1 Prise Salz

Zum Verzieren:

- 200 g Puderzucker
- 1 Eiweiß

ZUBEREITUNG

80 Milliliter Wasser mit Rübensirup, Honig und Zucker aufkochen. Gewürze und gewürfelte Butter mit einem Schneebesen unter die Zuckermasse rühren. Natron und Salz zugeben und kurz abkühlen lassen. Anschließend Mehl unter die Masse kneten, den Teig mit Frischhaltefolie abdecken und über Nacht kalt stellen. Den Teig in kleinen Portionen auf einer bemehlten Arbeitsfläche ausrollen und ausstechen. Lebkuchen auf einem mit Backpapier ausgelegten Blech im vorgeheizten Backofen bei 180 °C ca. zehn bis zwölf Minuten backen. Auskühlen lassen. Das Eiweiß steif schlagen und den Puderzucker nach und nach dazugeben. Den Zuckerguss mithilfe eines Spritzbeutels auftragen.

Champagnerschnuppen

DIE STARS AUF JEDEM WEIHNACHTSTELLER

ca. 45–50 Stück | ca. 1 ½ Stunden (ohne Kühlzeiten) | mittel

ZUTATEN

Für den Teig:

* 250 g Mehl
* 120 g Butter
* 100 g Puderzucker
* 4 Eigelb
* 2 Pck. Vanillezucker
* 2 Prisen Salz
* abgeriebene Schale ½ Zitrone

Für die Füllung:

* 100 g weiße Kuvertüre
* 40 g Butter
* 40 g Puderzucker
* 4 EL Champagner (oder Sekt)
* abgeriebene Schale ½ Zitrone
* 1 EL Zitronensaft

Zum Verzieren:

* Puderzucker

ZUBEREITUNG

Für den Teig alle Zutaten zu einem glatten Teig verkneten und mindestens eine halbe Stunde kalt stellen. Den Teig ca. zwei Millimeter dick ausrollen und Sternschnuppen ausstechen. Bei 160 bis 170 °C etwa sieben bis zehn Minuten backen. Die Plätzchen sollten nicht dunkel werden. Für die Füllung die weiße Kuvertüre schmelzen und mit Butter und Puderzucker schaumig schlagen. Die Zitronenschale, den Zitronensaft und den Champagner dazugeben und nochmals schaumig rühren. Im Kühlschrank so lang abkühlen lassen, bis die Füllung eine cremige Konsistenz bekommen hat. Die Creme auf eine Hälfte der Plätzchen geben und die andere Hälfte darauf setzen. Zum Schluss mit Puderzucker bestäuben.

Goldene Zeiten

Feierliche Festtafel

Für glanzvolle Stunden sorgen Deko-Accessoires wie Vasen, Teelichtgläser und Co. in unterschiedlichen Metalltönen und Strukturen. Tipp: Mit Sprühfarbe vergoldete Äpfel, Nüsse und Zapfen aus dem Garten bilden eine natürliche und zugleich prächtige Ergänzung.

Die STARS unter den Platzanweisern: Auf ein Bündel aus Zimtstangen gebettet, stecken zarte Alpenveilchen in einem verzierten Wasserröhrchen. Dazu aus selbstklebendem Silberpapier Kreise ausschneiden, um die Röhrchen wickeln und nach Belieben schmücken.

Eine himmlische ERLEUCHTUNG gefällig? Das schlichte Kerzenglas putzt sich mit einer Sternengirlande aus Goldpapier und Draht weihnachtlich heraus.

Stern-Cake-Pops

ZUTATEN (für ca. 40 Stück): *Für den Teig:* 350 g Mehl, 250 g weiche Butter, 100 gemahlene Haselnüsse, 100 g Zucker, 3 EL Kakaopulver, 1 TL Vanillepulver. *Für die Füllung:* 200 g Butter, 200 g Zucker, 100 g Sahne, 1 Prise Salz. *Zum Verzieren:* 1 Eiweiß, 200 g Puderzucker

ZUBEREITUNG: Zutaten für den Teig verkneten. Halbieren und in Frischhaltefolie etwa zwei Stunden kalt stellen. Teig etwa drei bis vier Millimeter dick ausrollen und Sterne ausstechen. Bei 180 °C ca. acht Minuten backen. Nach dem Abkühlen mit Zuckerguss verzieren. Für die Füllung Zucker mit sechs Esslöffeln Wasser in der Pfanne karamellisieren, vom Herd nehmen und Sahne unterrühren. Nochmals kurz unter Rühren erhitzen. Herunternehmen, gestückelte Butter und Salz untermischen. In einer Schüssel mit dem Schneebesen glatt rühren und über Nacht in den Kühlschrank stellen. Karamellmasse durchmixen, in einen Spritzbeutel füllen, auf die Hälfte der Sternkekse geben und je einen Holzstab einschieben. Die restlichen Plätzchen obendrauf setzen. Etwa eineinhalb Stunden kalt stellen, bis die Cake-Pops fest sind.

Kostbare Kugeln

GLANZVOLLE HIGHLIGHTS

ca. 10–15 Minuten | leicht

DAS BRAUCHEN SIE

- Weihnachtskugeln, in weißer Matt- und goldfarbener Metalloptik
- Dekosterne
- Christbaumkerzen
- Glitzerband
- Kunstschnee
- Sand
- Tablett
- Abtönfarbe
- Pinsel
- Klebstoff
- Schere
- Blüten

SO WIRD'S GEMACHT

Für die originellen Tisch-Accessoires werden zunächst die Aufhänger der Weihnachtskugeln vorsichtig entfernt. Letztere in einem nächsten Schritt mit Bastelkleber linienförmig rundherum benetzen und das Glitzerband daran befestigen. Die durch die beiden Bandenden entstandene Nahtstelle lässt sich mithilfe von Deko-Items wie Sternen, die ebenfalls mit Klebstoff fixiert werden, wunderbar kaschieren. Einige Kugeln mit Wasser füllen, je eine Blüte einstecken und mit Heißkleber auf einem Tablett fixieren. Andere Kugeln mit Sand füllen, Kerzen in der Öffnung fixieren und ebenfalls auf dem Tablett befestigen. Anschließend Letzteres mit Kunstschnee versehen.

Tipp

Als Viererpaar und mit Kerzen bestückt, eignen sich die Kugeln ganz hervorragend als ausgefallene Alternative zum klassischen Adventsgesteck.

Zimtwaffeln

GANZ SCHÖN HOCHGESTAPELT

ca. 4–5 Stück | ca. 30 Minuten (ohne Kühlzeit) | leicht

ZUTATEN

Für den Teig:

- 125 g gesiebtes Mehl
- 125 g kalte Butter
- 125 g Zucker
- 4 Eier
- 1 TL Rum
- 1 gestr. TL Zimt
- 1 Prise Salz

Für die Füllung:

- 200 g Schlagsahne
- 125 g Preiselbeermarmelade

Zum Verzieren:

- etwas Puderzucker

ZUBEREITUNG

Butter und Zucker schaumig rühren. Nach und nach das gesiebte Mehl und die Eier zufügen. Zimt, Salz und Rum untermischen. Den Teig zehn Minuten ruhen lassen. In der Zwischenzeit die Sahne steif schlagen. Waffeleisen heiß werden lassen, mit etwas Öl einfetten und je eine knappe Suppenkelle Teig auf das Eisen geben, zusammenklappen und die Waffeln eine nach der anderen goldbraun backen. Auskühlen lassen. Die Waffeln abwechselnd mit Preiselbeermarmelade und Sahne auf einem Teller schichten, mit Puderzucker bestäuben und servieren.

Tipp

Auch wenn heiße Waffeln prima schmecken:
Damit Ihnen die Sahne beim Stapeln nicht davonläuft,
sollten die Waffeln unbedingt abgekühlt sein.
Eventuell außerdem Sahnesteif beim Schlagen verwenden.

Hexenhaus

FÜR FLEISSIGE ZUCKERBÄCKER

1 Haus | je nach Geschicklichkeit mehrere Stunden | anspruchsvoll

ZUTATEN

Für den Teig:

* 1,2 kg Mehl
* 500 g Butter
* 360 g brauner Zucker
* 160 g Zuckerrübensirup
* 160 g Honig
* 2 TL Natron
* je zwei Msp. Zimt, gemahlene Gewürznelken, Piment und Kardamom (oder fertiges Lebkuchengewürz)
* 2 Prisen Salz

Zum Verzieren:

* 600 g Puderzucker
* 4 Eiweiß

ZUBEREITUNG

160 Milliliter Wasser mit Rübensirup, Honig und Zucker aufkochen. Gewürze und gewürfelte Butter mit einem Schneebesen unter die Zuckermasse rühren, Natron und Salz zugeben und kurz abkühlen lassen. Mehl unter die Masse kneten, den Teig mit Frischhaltefolie abdecken und über Nacht kalt stellen. Auf einer bemehlten Arbeitsfläche ausrollen, eine Bodenplatte ausschneiden, ebenso Hausfront, Rückseite, zwei Seitenwände und Dachhälften. Türen, Fenster und Schornstein nicht vergessen. Alle Teile auf einem mit Backpapier belegten Blech im vorgeheizten Backofen bei ca. 180 °C etwa 15 Minuten backen. Danach noch einmal die Konturen nachschneiden und auskühlen lassen. Eiweiß steif schlagen und Puderzucker nach und nach dazugeben. Mithilfe eines Spritzbeutels zunächst die Hauswände mit Zuckerguss auf der Bodenplatte befestigen und eine Stunde trocknen lassen. Dann Dach, Fensterläden, Tür und Schornstein ankleben und zuletzt das Haus von außen mit dem restlichen Zuckerguss verzieren. Natürlich lassen sich mit dem Teig auch andere Formen erstellen. Wer den großen Baum und das Haus backen möchte, sollte etwa die doppelte Menge Teig einplanen.

Schokoknusper

MIT ORANGE UND WALNÜSSEN

ca. 12 Stück | ca. 1 ½ Stunden | anspruchsvoll

ZUTATEN

Für den Teig:

* 300 g Butter
* 250 g Mehl
* 8 zerdrückte Weetabix (handelsüblicher Vollkornweizenkeks)
* 250 g Zartbitter-Schokostückchen
* 250 g brauner Zucker
* 150 g gehackte Walnüsse
* 4 EL Kakaopulver
* 2 TL Backpulver
* 4 TL abgeriebene Orangenschale
* 2 EL Zuckerrübensirup

Zum Glasieren:

* 250 g Puderzucker
* 120 ml gesüßte Kondensmilch
* Saft von einer halben Orange
* 2 EL Kakaopulver

Zum Verzieren:

* ca. 12 halbe Walnüsse
* 3–4 EL geschmolzene Zartbitterschokolade

ZUBEREITUNG

Für den Teig Butter, Zuckerrübensirup und braunen Zucker in einen großen Kochtopf geben und auf dem Herd langsam schmelzen lassen. Herunternehmen und Weetabix, Orangenschale und Walnüsse unterrühren. Kakao, Mehl und Backpulver darübersieben. Schokostückchen dazugeben und alles gründlich vermischen. Teig auf ein mit Backpapier ausgelegtes Blech geben. Etwa 20 Minuten im vorgeheizten Backofen bei 180 °C backen. Für die Glasur alle Zutaten zu einer glatten Mixtur verrühren. Den Teig noch warm damit überziehen. Zum Schluss in Quadrate schneiden und mit in geschmolzene Schokolade getauchten halben Walnüssen verzieren.

Tipp

Weetabix ist ein klassischer Bestandteildes englischen Frühstücks. Der Vollkornweizenkeks wird üblicherweise in Milch oder Saft eingeweicht.

Tiramisu

WEIHNACHTLICHE VARIATION

ca. 4 Portionen | ca. 30 Minuten | leicht

ZUTATEN

Für die Masse:

* 400 g Spekulatius
* 330 ml Schlagsahne
* 250 g Mascarpone
* 250 g Quark
* 100 g dunkle Schokoraspel
* 90 g brauner Zucker
* 1 Pck. Vanillezucker

Zum Verzieren:

* Kakaopulver

ZUBEREITUNG

Die Schlagsahne steif schlagen und Mascarpone, Quark, Zucker und Vanillezucker einrühren. In jedem der vier Dessertgläser den Boden mit der Creme bestreichen, eine Schicht grob zerbröselte Spekulatius auflegen und in die Creme drücken. Darauf Schokoraspel streuen, wieder eine Schicht Creme und Spekulatius einfüllen. Die letzte Schicht sollte Creme sein. Abschließend die Desserts mit Kakaopulver bestreuen und für einige Stunden kalt stellen.

Tipp

Verfeinern Sie das Dessert mit einem Schuss Amaretto, den Sie über eine der Spekulatiusschichten träufeln. Mmmhh!

Bärentatzen

MIT EINEM HAPPS IM MUND

ca. 40 Stück | ca. 30 Minuten (ohne Kühl- und Trockenzeit) | leicht

ZUTATEN

Für den Teig:

* 150 g weiche Butter
* 120 g Mehl
* 100 g dunkle Raspelschokolade
* 50 g Puderzucker
* 20 g Kakao
* ½ EL Espressopulver

Zum Verzieren:

* 200 g halbbittere Kuvertüre
* 150 g Aprikosenmarmelade

ZUBEREITUNG

Butter und Puderzucker verrühren. Mehl, Kakao, Espresso und Raspelschokolade unter die Buttermischung kneten. Aus dem Teig haselnussgroße Kugeln formen und auf ein mit Backpapier ausgelegtes Blech setzen. Die Kugeln mit einer Gabel flachdrücken. Plätzchen im vorgeheizten Backofen bei 175 °C ca. 30 Minuten backen. Auf einem Kuchengitter auskühlen lassen. Für den Guss die Marmelade glattrühren. Die kalten Plätzchen zur Hälfte in die Marmelade tauchen und auf Backpapier trocknen lassen (am besten über Nacht). Die Kuvertüre im warmen Wasserbad schmelzen und die Kekse mit der Marmeladenseite hinein tauchen. Die fertigen Bärentatzen auf Backpapier trocknen lassen.

Tipp

Damit die Teigkugeln beim Flachdrücken auf dem Blech nicht an der Gabel haften bleiben, kühlen Sie gleich mehrere Gabeln im Tiefkühlfach und nehmen Sie sie jeweils erst unmittelbar vor Gebrauch heraus.

Gewürzkuchen

EINE WAHRE AROMABOMBE

ca. 12 Stücke | ca. 70 Minuten | leicht

ZUTATEN

Für den Teig:

* 300 g Zucker
* 150 g Mehl
* 150 g gemahlene Mandeln
* 125 g Butter
* 125 g Schokoraspeln
* 125 ml Milch
* 5 Eier
* 1 Pck. Backpulver
* 1 Pck. Vanillezucker
* 1 TL Zimt
* 1 Msp. gemahlene Gewürznelken

Zum Verzieren:

* dunkle Kuvertüre
* Orangenspalten
* Gewürznelken

ZUBEREITUNG

Butter, Zucker, Vanillezucker und Eier schaumig rühren, Mehl, Backpulver, Mandeln, Schokoraspeln und Gewürze mischen und unter die Masse heben. Mit der Milch verrühren. In einer Kastenform bei 180 °C 50 bis 60 Minuten backen, nach dem Abkühlen mit dunkler Kuvertüre überziehen und mit Nelken und Orangenspalten dekorieren.

Aromatische Akzente

Duftkerzen mal anders

Wie wäre es mit einem herrlich aromatischen Gewand für schlichte Einmachgläser? Dafür Zimtstangen, Ingwer, Sternanis, getrocknete Apfelscheiben sowie sternförmig zurechtgeschnittene Orangenschalen auf einen Kupferdraht fädeln und um die Gefäße wickeln.

STIMMUNGSMACHER. Zwischen zwei Windlichtern fühlen sich duftende Zimtstangen und Kiefernnadeln so richtig wohl. Einfach in den Zwischenraum der beiden Glasgefäße turmartig hineinfüllen und eine Kerze ins innere Glas setzen.

Ein Hauch von ORIENT zur Weihnachtszeit: Gewürze wie Sternanis, roter Pfeffer und Muskatnuss entpuppen sich nicht nur als echtes Dufterlebnis, sondern auch als Genuss für die Augen.

Schwedischer Glögg

ZUTATEN (für ca. 5 Gläser): 1 l Rotwein, 8 cl Rum, 100 g Rosinen, 100 g Zucker, 50 g Mandeln, 20 g frischer Ingwer, 6 Kardamomkapseln, 4 Gewürznelken, 1 Zimtstange, Schalen von einer ungespritzten Orange, Zucker für den Glasrand

ZUBEREITUNG: Rotwein mit Rum, Zucker und der Zimtstange in einen Kochtopf geben. Kardamomkapseln in einem Mörser zerstoßen und dazugeben. Nelken, Mandeln und Rosinen untermischen und das Getränk erhitzen. Nicht kochen lassen! Den Topf vom Herd nehmen, wenn sich der Zucker aufgelöst hat. Den Glögg über Nacht durchziehen lassen, die Gewürze absieben. Wer mag, kann die Rosinen und Mandeln in dem Getränk lassen. Vor dem Servieren den Punsch nochmals erwärmen und Orangenschalen hinzufügen. Die Glasränder mit Wasser befeuchten und in Zucker tauchen.

Originelle Orangen

EIN FEST FÜR DIE SINNE

ca. 15 Minuten | leicht

DAS BRAUCHEN SIE

* Orangen
* Teelicht(er)
* Zahnstocher
* Gewürznelken
* Eisportionierer
* Ziseliermesser

SO WIRD'S GEMACHT

Für die mit einem Sternmotiv aus Nelkenknospen versehenen Früchte zunächst das gewünschte Muster mit einem Stift aufzeichnen. Dann mit einem Zahnstocher entlang der Zeichnung Löcher in die Schale stechen und die Nelken hineindrücken. Ein Kerzenhalter gelingt, indem man eine Orange halbiert und mit einem Eisportionierer eine der Teelichtbreite entsprechende Menge des Fruchtfleisches herausnimmt. Das Teelicht in die vorgefertigte Öffnung einsetzen und die Schnittfläche des Schalenrandes dicht an dicht mit Nelkenknospen spicken. Mit ein wenig Übung, Fingerspitzengefühl und einem scharfen Ziseliermesser lassen sich auch dekorative Muster wie beispielsweise Spiralen, Sterne oder Tannenbäume in die Orangenschale einarbeiten.

Tipp

Für die Herstellung der Deko-Orangen eignen sich Früchte mit einer festen Schale am besten.

Rotweinbirnen

GENUSSVOLLES AUS DEM GLAS

8 Portionen | ca. 15 Minuten | leicht

ZUTATEN

* 8 Birnen (z. B. Sorte Williams)
* ½ l Rotwein
* 150 g Zucker
* 1 Zitrone
* 1 Zimtstange
* 1 EL Vanillesirup

ZUBEREITUNG

Zitrone in Scheiben schneiden. Mit Rotwein, Zucker, Vanillesirup und der Zimtstange zum Kochen bringen und zehn Minuten sanft köcheln lassen. Birnen schälen und das Kerngehäuse von unten mit einem spitzen Messer herrausschneiden. Zimtstange und Zitronenscheiben aus dem Rotwein entfernen und die Birnen in den Sud stellen. Mit Wein übergießen und zugedeckt bei schwacher Hitze ca. zehn Minuten leicht köcheln lassen. Anschließend abkühlen lassen. In dekorativen Gläsern mit etwas Sud servieren. Schmeckt besonders gut mit Vanilleeis oder aber auch ein bisschen Sahne.

Glühwein

WOHLSCHMECKENDER WÄRMESPENDER

ca. 6 Gläser | ca. 15 Minuten | leicht

ZUTATEN

- 1 l fruchtiger Rotwein
- ¾ l schwarzer Tee
- Saft von 2 Zitronen
- 75 g Zucker
- 1 Pck. Vanillezucker
- 5 Gewürznelken
- je 2 Sternanis und Kardamomkapseln
- 1 Stange Zimt
- evtl. 100 ml Rum

ZUBEREITUNG

Den Tee zubereiten. Rotwein, Zitronensaft und Gewürze hinzugeben. Alles noch einmal erhitzen, aber nicht zum Kochen bringen, da sonst der Alkohol verdampft und sich der Geschmack der Gewürze verändert. Die Mischung einige Zeit ziehen lassen, anschließend durch ein Sieb abgießen. Den Glühwein warm servieren und je nach Geschmack mit Rum verfeinern.

Tipp

Je nach Belieben kann auch Weißwein als Grundlage für das Heißgetränk verwendet werden.

Honigkuchen

PERFEKTER BEGLEITER ZU TEE

ca. 12 Stücke | ca. 30 Minuten | leicht

ZUTATEN

Für den Teig:

- 500 g Mehl
- 350 g Honig
- 200 g Butter oder Margarine
- 150 g gehackte Haselnüsse
- 100 g gemahlene Mandeln
- 125 ml Milch
- 120 g Zucker
- 2 Eier
- 1 Orange
- 1 Zitrone
- je 1 EL Abrieb einer ½ unbehandelten Orange und einer ½ unbehandelten Zitrone
- 1 Pck. Backpulver
- 1 EL Lebkuchengewürz
- 1 EL Kakaopulver
- 1 EL Zimt

Zum Verzieren:

- 100 g Mandelblättchen
- Hagelzucker
- 1 Eiweiß

ZUBEREITUNG

Honig mit Zucker und Fett in einem Topf schmelzen. In eine Rührschüssel geben und kalt stellen. Eier, Lebkuchengewürz, Orangenschale und Zimt mit einem Handrührgerät unter die Honigmasse rühren. Mehl mit Backpulver und Kakao mischen und abwechselnd mit der Milch unter die Masse geben. Orange und Zitrone auspressen, den Saft mit der Zitronenschale, den Haselnüssen und Mandeln verrühren und vorsichtig unter den Teig heben. Den Backofen auf 180 °C vorheizen. Teig in einer gut gefetteten Kastenform gleichmäßig verteilen. Hagelzucker und Mandelblättchen darauf streuen. Das Eiweiß mit einem Esslöffel Wasser verquirlen, die Oberfläche damit bestreichen und ca. 30 Minuten backen.

Leckere Bratäpfel

MIT SELBST GEMACHTER VANILLESOSSE

4 Portionen | ca. 45 Minuten | mittel

ZUTATEN

Für die Bratäpfel:

* 4 große Äpfel (z. B. Sorte Boskoop)
* 80 g Marzipan
* abgeriebene Schale einer ½ Bio-Orange
* je 2 EL Rosinen, Mandelsplitter und gehackte Walnüsse
* 2 EL Butter
* 1 EL Honig
* 1 Prise Zimt

Für die Vanillesoße:

* 350 ml Milch
* 3 Eigelb
* 2 Vanilleschoten
* 4 EL Zucker
* 1 EL Stärke

ZUBEREITUNG

Die Äpfel waschen, Kerngehäuse großzügig ausstechen und Deckel abschneiden. Mandelsplitter, Rosinen und Walnüsse mit einem Löffel Butter, Marzipan, Honig, Zimt sowie Orangenschale verrühren. Die Masse in die Äpfel füllen. Die Deckel wieder aufsetzen und die restliche Butter darauf verteilen. Alles in eine gefettete Auflaufform geben. Im vorgeheizten Backofen bei 160 °C ca. 30 Minuten backen. Währenddessen für die Soße die Vanilleschoten längs aufschlitzen und das Mark herausschaben. Eigelb, Zucker, Speisestärke und Vanillemark glatt rühren. Mit Milch aufgießen und die ausgekratzten Vanilleschoten zugeben.

Alles erhitzen, aber nicht zum Kochen bringen. Bei schwacher Temperatur so lange rühren, bis die Flüssigkeit dick wird. Die Vanilleschoten wieder herausnehmen und die Soße am besten noch heiß servieren.

Apfeltrunk

WINTERLICH UND FRUCHTIG

ca. 4 Gläser | ca. 25 Minuten | leicht

ZUTATEN

- 1 l Apfelsaft
- 4 dünne Apfelscheiben
- 1 EL Honig
- 5 Gewürznelken
- 1 Vanilleschote
- 1 Stange Zimt
- 1 Sternanis

ZUBEREITUNG

Die Vanilleschote auskratzen und das Mark zusammen mit Zimt, Sternanis, Nelken und Honig im Apfelsaft erhitzen. Dabei nicht kochen! Das Gemisch mindestens 15 Minuten ziehen lassen. Anschließend durch ein Sieb gießen und in Punschgläser füllen. Die Apfelscheiben jeweils dazugeben.

Tipp

Der Apfelpunsch ist ein leckeres Getränk für Kinder, wenn es draußen richtig kalt ist. Wenn Sie den Punsch ausschließlich Erwachsenen servieren, sorgen ca. 10 cl Calvados zusätzlich für wohlige Wärme von innen.

Ach, du lieber Apfel …

Raffinierter Vasenersatz

Die Kaffeebecher werden zu schmucken Vasen, indem man sie mit Wasser füllt, je eine Sternmanschette aus Filz sowie einen mit einem Apfelausstecher durchbohrten Apfel auflegt. Hier hindurch werden dann Alpenveilchenstängel und Kiefernzweige gesteckt.

Was für ein Allrounder: Der Apfel ist nicht nur supergesund, sondern auch ein herrlicher LICHTSPENDER! Mit einem Messer entlang der Markierung eine Öffnung zum Kerngehäuse hin einschneiden, sodass das Teelicht fest hineingedrückt werden kann. Mit Sisalband und Hagebutten verzieren.

Schöner SCHEIN für schöne Stunden: Dicke Stumpenkerzen und unterschiedlich große Zieräpfel zaubern eine besinnliche Atmosphäre. Ein farblich abgestimmtes Filzband um das Windlicht verpasst den finalen Schliff.

Schoko-Äpfel

ZUTATEN (für 4 Portionen): 4 kleine Äpfel, 1 Becher Vollmilchkuvertüre, Zuckerstreusel, gehackte Haselnüsse

ZUBEREITUNG: Vollmilchkuvertüre in einem Topf im Wasserbad langsam erwärmen. Ab und zu umrühren, damit nichts anbrennt. Die bunten Streusel auf einen kleinen Teller geben. Die Äpfel auf Schaschlikspieße stecken und in die flüssige Schokoladenglasur tunken. Man kann auch einen Löffel nehmen und die Kuvertüre darüber gießen. Kurz abtropfen lassen und dann ein paar bunte Streusel oder gehackte Haselnüsse darüber streuen. Die Schokoäpfel auf einem mit Backpapier ausgelegten Backblech auskühlen und die Glasur fest werden lassen.

Apfelkranz

ZUM ANBEISSEN SCHÖN

ca. 20 Minuten | leicht

DAS BRAUCHEN SIE

* Mooskranz-Rohling
* Zieräpfel
* Zahnstocher
* 4 Stumpenkerzen
* Kerzenhalter

SO WIRD'S GEMACHT

Zunächst die Kerzenhalter an den gewünschten Stellen im Kranz-Rohling platzieren und die Kerzen darauf anbringen. Anschließend die Zieräpfel mithilfe von Zahnstochern gleichmäßg und dicht an dicht über den gesamten Kranz verteilt feststecken, damit er von allen Seiten eine ansprechende Optik erhält. Ein hübsches Gesamtergebnis entsteht, wenn das frische Grün des Mooskranzes stellenweise hervorblitzt.

Tipp

Wer rustikale Akzente setzen möchte, kann anstelle einiger Früchte vereinzelt kleine Tannenzapfen in den Apfelkranz integrieren.

Weihnachts-Cookies

MIT KARAMELL-NUSS-FÜLLUNG

ca. 24 Stück | ca. 30 Minuten (ohne Kühlzeit | anspruchsvoll

ZUTATEN

Für den Teig:

* 270 g Mehl
* 125 g Butter
* 80 g Puderzucker
* 1 Ei
* Abrieb von einer unbehandelten Zitrone
* 1 Prise Salz

Für die Füllung:

* 90 g Zucker
* 80 g Marzipanrohmasse
* 80 g gehackte Haselnüsse
* 6 EL Schlagsahne
* 5 EL Milch

ZUBEREITUNG

Mehl mit Salz, Puderzucker und der Zitronenschale mischen und auf eine Arbeitsfläche geben. In eine Kuhle das Ei geben und die Butter in Flöckchen darauf verteilen. Einen Teig kneten und diesen in Frischhaltefolie gewickelt etwa zwei Stunden kalt stellen. Für die Füllung Milch in eine Schüssel geben, Marzipan in kleinen Stückchen hinzufügen und zu einer glatten Creme verrühren. Den Zucker in einen kleinen Topf streuen und bei mittlerer Hitze vorsichtig karamellisieren lassen. Mit der Sahne unter Rühren vorsichtig ablöschen und so lange kochen, bis der Karamell sich aufgelöst hat. Das kann einige Minuten dauern. Karamell zur Marzipanmasse geben, die gehackten Haselnüsse hinzufügen und alles gut vermischen. Den Teig auf einer bemehlten Fläche dünn ausrollen und kleine gewellte Kreise ausstechen. Je knapp einen halben Teelöffel der Karamell-Nuss-Masse auf einen Kreis setzen und mit einem zweiten Kreis bedecken. Backblech mit Backpapier auslegen, die Plätzchen darauf setzen und bei etwa 150 °C ca. zehn Minuten backen, danach gut abkühlen lassen.

Linzer Kekse

MIT MARMELADIGER MITTE

ca. 50 Stück | ca. 1 Stunde (ohne Kühlzeit) | leicht

ZUTATEN

Für den Teig:

* 200 g Mehl
* 200 g Butter
* 150 g Zucker
* 100 g gemahlene Haselnüsse
* 100 g gemahlene Mandeln
* 1 Eigelb
* 1 gestr. TL Zimt
* 1 Msp. gemahlene Gewürznelken

Für die Füllung:

* 100 g rote Johannisbeerkonfitüre

ZUBEREITUNG

Weiche Butter, Zucker und Eigelb schaumig rühren. Gemahlene Haselnüsse, Mandeln, Mehl, Zimt und Nelken dazugeben und zu einem glatten Teig kneten. Den Teig in Folie gewickelt eine Stunde in den Kühlschrank stellen. Anschließend auf einer bemehlten Arbeitsfläche dünn ausrollen und runde gewellte Plätzchen (Durchmesser etwa vier Zentimeter) ausstechen. Aus der Hälfte in der Mitte einen kleinen Stern ausstechen. Auf ein mit Backpapier belegtes Blech setzen. Die Plätzchen im vorgeheizten Ofen bei 175 °C 12 bis 15 Minuten goldbraun backen. Anschließend die Kekse ohne Stern mit Johannisbeerkonfitüre bestreichen, die Sternplätzchen darauf setzen und auf einem Kuchengitter auskühlen lassen.

Glühweingelee

DUFTENDER BROTAUFSTRICH

ca. 3 Gläser | ca. 15 Minuten (ohne Ziehen) | mittel

ZUTATEN

* 500 ml Rotwein
* 500 g Gelierzucker (3:1)
* 450 ml heller Traubensaft
* 1 unbehandelte Orange
* 8 Gewürznelken
* 4 Sternanis
* 4 Zimtstangen

ZUBEREITUNG

Die Orangenschale mit einem Sparschäler dünn abschälen, so dass nichts Weißes daran haftet. Schale zusammen mit dem Wein und den Gewürzen in einen Topf geben und aufkochen. Die Flüssigkeit vom Herd nehmen und etwa zwei Stunden ziehen lassen. Die Weckgläser mit Deckeln in sprudelndem Wasser drei Minuten auskochen, herausnehmen und trocknen lassen. Die Gewürze aus dem Wein nehmen. Traubensaft und Gelierzucker einrühren, aufkochen und ca. drei Minuten köcheln lassen. Abschäumen und auf die Gläser verteilen. Die Gläser fest verschließen und etwa zehn Minuten auf den Kopf stellen, dann umdrehen und abkühlen lassen.

GLÜHWEIN-
GELEE
... lustig, lustig,
trallerallera ...

Zimtsterne

WÜRZIGE HIMMELSBOTEN

ca. 45 Stück | ca. 1 Stunde | mittel

ZUTATEN

Für den Teig:

- 400 g gemahlene Mandeln
- 300 g feiner Zucker
- 3 Eiweiß
- 1 TL frisch gepresster Zitronensaft
- 1 TL Zimt
- 1 Prise gemahlene Gewürznelken
- 1 Prise Salz

Zum Verzieren:

- 4–5 EL Eischneemasse

ZUBEREITUNG

Eiweiß und Salz mit dem Schneebesen steif schlagen. Zucker unter Rühren langsam einrieseln lassen. Zitronensaft dazugeben und weiter schlagen, bis der Eischnee schön glänzt. Vier bis fünf Esslöffel davon abnehmen und für die Glasur beiseite stellen. Mandeln mit Zimt und Nelken mischen. Die Mandelmischung zum Eischnee geben, vorsichtig darunterheben und die Masse zu einem gut formbaren Teig verarbeiten. Den Backofen auf 150 °C vorheizen. Backblech mit Backpapier auslegen. Teig zwischen Frischhaltefolie ca. einen halben Zentimeter dick ausrollen. Sterne ausstechen und auf das Blech legen. Die beiseite gestellte Eischneemasse mit einem spitzen Messer gleichmäßig und exakt auf den Teigsternen verteilen. Im Ofen auf der unteren Schiene etwa 15 Minuten backen. Die Glasur sollte dabei ganz hell bleiben. Die Zimtsterne herausnehmen und auf einem Kuchengitter abkühlen lassen.

Schoko-Sahne-Likör

ZART-CREMIGE VERFÜHRUNG

ca. 1 Liter | ca. 15 Minuten | leicht

ZUTATEN

* 400 ml haltbare Sahne
* 400 g weiße Schokolade
* 250 ml Wodka
* 100 g Puderzucker
* Lebkuchengewürz

ZUBEREITUNG

200 Milliliter Sahne zusammen mit dem Puderzucker in einem kleinen Topf erhitzen. Kurz aufkochen lassen, die weiße Schokolade darin auflösen und vom Herd nehmen. Die restliche Sahne einrühren und etwas abkühlen lassen. Den Wodka und ein wenig Lebkuchengewürz dazugeben und alles in dekorative Flaschen füllen.

Tipp

Dekorativ verpacken lässt sich der Likör mit einer winterlichen Zipfelmütze aus Stoff. Ein köstliches Geschenk in der Weihnachtszeit.

Winterlicher
Stärkungstrunk

Knecht Ruprecht, alter Gesell, ...
... hebe die Beine und ...
... spute dich schnell!

Mini-Panettone

MAILÄNDER TRADITIONSGEBÄCK

ca. 3 Portionen | ca. 50 Minuten (ohne Gehen und Kühlzeit) | leicht

ZUTATEN

Für den Teig:

- 300 g Mehl
- 100 g Zucker
- 50 ml lauwarme Milch
- 50 g Rosinen
- 50 g Mandelstifte
- 30 g Orangeat
- 30 g Zitronat
- 1 Ei
- 1 Pck. Trockenhefe
- ½ TL Kardamom
- 2–3 Tropfen Bittermandelöl
- 1 Prise Salz

Zum Verzieren:

- Butter
- Puderzucker

ZUBEREITUNG

Mehl, Hefe, Zucker, Salz, Kardamom, Bittermandelöl, Milch und Ei in einer Schüssel zu einem Teig verkneten. Zugedeckt gehen lassen, bis dieser sein Volumen etwa verdoppelt hat. Rosinen, Mandeln, Orangeat und Zitronat unterkneten. Den Teig dritteln. Drei Tontöpfe mit je einem Durchmesser von ca. neun Zentimetern reinigen und unten einfetten. Teig hineinfüllen und wieder gehen lassen, bis er sein Volumen verdoppelt hat. Im auf 200 °C vorgeheizten Backofen auf der untersten Schiene etwa 30 Minuten backen. Die Butter zerlassen und auf die heißen Kuchen streichen. Abkühlen lassen und dick mit Puderzucker bestäuben.

Marzipansterne

MIT KUGELIGEM TOPPING

ca. 90 Stück | ca. 1 ½ Stunden (ohne Kühlzeiten) | anspruchsvoll

ZUTATEN

Für den Teig:

* 150 g Mehl
* 100 g gekühlte Butter
* 50 g gemahlene geschälte Mandeln
* 50 g Zucker
* 1 Ei
* ½ TL Zimt
* 1 Prise Salz

Für die Masse:

* 200 g Marzipanrohmasse
* 10 g Kakao
* 2 TL lösliches Espressopulver

Zum Verzieren:

* 1 Eigelb
* 1 EL Milch
* 100 g dunkle Kuvertüre
* 40 g Nonpareilles (kleine bunte Zuckerperlen)

ZUBEREITUNG

Für den Mürbeteig das Mehl und die Mandeln mit Zucker, Ei, Zimt, Salz und Butterflöckchen zu einem glatten Teig verkneten. Zu einer Kugel formen und in Frischhaltefolie eine Stunde in den Kühlschrank legen. Marzipanrohmasse mit Kakao und Espressopulver verkneten, in drei Teile schneiden und zu länglichen Stangen formen. Jede Stange in 30 Stücke teilen und zu Kugeln drehen. Den Mürbeteig auf der bemehlten Arbeitsfläche ca. zwei Millimeter dick ausrollen und ca. 90 kleine Sterne ausstechen. Bleche mit Backpapier belegen und die Sterne daraufsetzen. Eigelb und Milch verrühren und die Sterne damit bestreichen. Jeweils eine Marzipankugel in die Mitte jedes Sterns setzen und leicht andrücken. Die Plätzchen im auf 200 °C vorgeheizten Backofen ca. acht bis zehn Minuten goldbraun backen.
Die Sterne auskühlen lassen. Die Kuvertüre im Wasserbad schmelzen. Die Marzipankugeln auf den Sternen in die Schokolade tauchen, in die Zuckerperlen drücken und den Überzug fest werden lassen.

Verspielte Romantik

Advent, Advent

Etwas Süßes, etwas Glänzendes, etwas Natürliches – vereint auf einem Kranz? Dieses Prachtstück ist ein wahrer Augenschmaus und genau die richtige Dekoration für kleine und große Leckermäulchen.

Der romantische Türkranz sorgt garantiert für VORWEIHNACHTSSTIMMUNG. Mit Wollgarn sowohl den Papp-Ring umwickeln als auch Deko-Accessoires wie Sterne und Zapfen daran fixieren. Letzteren mit unauffälligem Draht am Kranz anbringen.

Versprüht warmen LICHTERGLANZ: Zwei der vier Töpfe mit Steckschaum füllen. Pro Kerze drei Drähte kurz über einer Flamme erhitzen, in den Boden bohren und im Steckschaum befestigen. Alle Gefäße nach Belieben schmücken.

Trüffel-Mützchen

DAS BRAUCHEN SIE: Bastelpapier, Klebeband (evtl. doppelseitig), Watte, Klebstoff, Schere

SO WIRD'S GEMACHT: Aus Bastelpapier Halbkreise ausschneiden und zu spitzen Hütchen drehen. Den Umfang der Mützen dabei an die Größe der Trüffel anpassen. Die Enden innen und außen mit Klebeband fixieren. Wer möchte, dass die Klebestellen unsichtbar sind, verwendet am besten doppelseitiges Klebeband. Für die weißen Bommeln eignet sich Watte. Ein wenig davon zu kleinen Kugeln drehen und je mit einem Tropfen Klebstoff auf den Spitzen der Mützen befestigen.

Tafelfreuden

FLAIR FÜR DEN WEIHNACHTSTISCH

ca. 25 Minuten | mittel

DAS BRAUCHEN SIE

- Glas- oder Alugefäß
- Dekomaterial (z. B. kleine Zieräpfel, Zapfen, Weihnachtskugeln, Plätzchen)
- Filzstoff
- verschiedene Dekobänder (z. B. aus Jute oder Spitze)
- Frischblumensteckschaum
- Draht
- Klebstoff
- Messer
- Schere
- Koniferengrün (z. B. Eibe)
- Blüte(n)
- Beerenzweige

SO WIRD'S GEMACHT

Das Gefäß mit passend zugeschnittenem und gewässertem Frischblumensteckschaum befüllen. Den Rand des Topfes mit einem breiten Stück Filzstoff ummanteln. Die Enden der Filzbanderole mit Klebstoff aneinander befestigen. Den Stoff nach innen umlegen und am Gefäß festkleben. Blüte(n), Koniferen- und Beerenzweige zurechtschneiden und in den Steckschaum stecken. Das Dekomaterial, wie Zieräpfel und Zapfen, mit Klebstoff oder Draht fixieren. Im letzten Schritt das Gefäß mit verschiedenen Dekobändern umwickeln und die Bandenden verknoten.

Ein spannender Kontrast entsteht durch den Mix aus Bändern in unterschiedlichen Materialien und Formen wie rustikalem Juteband, feiner Spitzenborte oder Zickzacklitze.

Tipp

Ofenschnecken

NUSSIGE VERSUCHUNG MIT PISTAZIEN

ca. 70 Stück | ca. 1 Stunde (ohne Kühlzeiten) | anspruchsvoll

ZUTATEN

Für den Pistazienteig:

- 250 g Mehl
- 100 g gemahlene Pistazien
- 125 g weiche Butter
- 75 g Marzipanrohmasse
- 50 g Puderzucker
- 1 Ei
- 2 Tropfen Bittermandelöl
- 1 Prise Salz

Für den Vanilleteig:

- 275 g Mehl
- 125 g weiche Butter
- 75 g Puderzucker
- 1 Ei
- 1 Vanilleschote
- 1 Prise Salz

Außerdem:

- 1 Eiweiß

ZUBEREITUNG

Für den Pistazienteig die Marzipanrohmasse zerkrümeln, etwas weiche Butter dazugeben und mit den Quirlen des Handmixers zu einer glatten Masse rühren. Die übrige Butter, Salz, Puderzucker und Backaroma hinzufügen. Das Ei gut untermengen, Mehl und Pistazien unterkneten. In Folie zwei Stunden kalt stellen. Für den Vanilleteig Butter, Puderzucker, ausgekratztes Vanillemark und Salz glattrühren. Das Ei gut untermischen. Mehl unterkneten. Teig in Folie gewickelt ebenfalls kalt stellen. Teige auf der bemehlten Arbeitsfläche ausrollen, mit verquirltem Eiweiß bestreichen, aufeinanderlegen und zu einem Rechteck ausrollen. Die Platte von der langen Seite her fest aufrollen, in kürzere Stücke schneiden. In Folie gewickelt mindestens drei Stunden kalt stellen. Dann mit einem scharfen Messer in einen halben Zentimeter dicke Scheiben schneiden und auf mit Backpapier ausgelegte Bleche setzen. Im vorgeheizten Ofen bei 180 °C zehn bis zwölf Minuten backen.

Kandisknusperchen

ZUCKERSÜSSE LECKERBISSEN

ca. 45 Stück | ca. 20 Minuten (ohne Kühlzeit) | leicht

ZUTATEN

Für den Teig:

* 125 g Mehl
* 125 g Zucker
* 90 g Margarine
* ½ Pck. Bourbon-Vanillezucker
* 1 Msp. Backpulver

Zum Verzieren:

* 2 EL brauner Zucker

ZUBEREITUNG

Weiche Margarine mit der Küchenmaschine auf höchster Stufe cremig rühren. Weißen Zucker und Vanillezucker zufügen und gut untermischen. Mehl in eine Schüssel geben, mit dem Backpulver mischen und unter die Margarine rühren. Den Teig zu einer glatten Kugel kneten und vierteln. Jedes Teigstück zu einer Rolle von ca. 20 Zentimeter Länge formen und in einem Esslöffel braunem Zucker wälzen. Die Teigrollen für mindestens zwei Stunden in den Kühlschrank stellen. Den Backofen auf 180° C vorheizen und zwei Bleche mit Backpapier auslegen. Die Teigrollen in etwa einen halben Zentimeter dicke Scheiben schneiden und diese mit der Oberseite in den restlichen braunen Zucker drücken. Die Kandisknusperchen mit der gezuckerten Seite nach oben goldgelb backen. Auf dem Backblech abkühlen lassen.

Alternativ zum Kristallzucker können Sie auch die braune Variante verwenden. So schmecken die Kekse noch mehr nach Karamell!

Tipp

Omas Spritzgebäck

IN DER KINDHEIT SCHWELGEN

ca. 24 Stück | ca. 25 Minuten (ohne Kühlzeit) | leicht

ZUTATEN

Für den Teig:

* 500 g Mehl
* 500 g Zucker
* 325 g Margarine
* 2 Pck. Vanillezucker
* 1 TL Backpulver
* 1 Prise Salz

Zum Verzieren:

* brauner Zucker

ZUBEREITUNG

Mehl, Zucker und Margarine kräftig zu einem Teig kneten und Vanillezucker, Backpulver und Salz untermischen. Mit dem Spritzbeutel oder dem Fleischwolf den Teig in Form bringen und auf das Blech mit Backpapier legen. Danach im Ofen ca. zwölf Minuten bei 180 °C backen, bis die Kekse leicht braun sind. Nach dem Abkühlen mit braunem Zucker bestreuen.

Tipp

Um das Spritzgebäck noch zu verfeinern, einfach zur Hälfte in geschmolzene helle oder dunkle Kuvertüre tauchen und auf einem Backblech trocknen lassen.

Schweineöhrchen

AUCH FÜR VEGETARIER

ca. 40 Stück | ca. 30 Minuten | leicht

ZUTATEN

- 4 tiefgefrorene Blätterteigplatten (je ca. 10 x 20 cm)
- ca. 125 g Butter
- 6 Pck. Vanillezucker
- Zimt

ZUBEREITUNG

Den Blätterteig antauen lassen, bis er formbar ist. Den Backofen auf 200 °C vorheizen. Vier Päckchen Vanillezucker mit etwas Zimt mischen und die Teigplatten gleichmäßig damit bestreuen. Die Platten jeweils von den beiden Längsseiten zur Mitte hin aufrollen, bis die beiden Rollen aneinander stoßen. In ca. einen halben Zentimeter dicke Scheiben schneiden und auf ein mit Backpapier ausgelegtes Backblech legen. Die Butter in der Mikrowelle schmelzen und die Schweineöhrchen damit bestreichen. Die restlichen zwei Päckchen Vanillezucker darüber streuen. Im Ofen etwa zwölf Minuten bis zur gewünschten Bräune backen.

Tipp

Zuckerbäcker, die es eilig haben, können auch Blätterteigplatten aus dem Kühlregal verwenden. Diese müssen nicht erst noch auftauen.

Schichtdessert

JEDE SCHICHT EIN GEDICHT

ca. 3 Portionen | ca. 20 Minuten | leicht

ZUTATEN

- 100 g Mascarpone
- 100 g Vanillejoghurt
- 1 Birne
- 6 Spekulatius
- 20 g Zucker
- 10 g Zimtzucker
- ½ Pck. Vanillezucker
- Williams-Christ-Likör

ZUBEREITUNG

Birne schälen, vierteln und Kerngehäuse entfernen. Die Frucht in Scheiben schneiden und mit Vanillezucker bestreuen. Spekulatius in feine Stücke zerbröseln. Mascarpone, Joghurt, Zucker und Zimtzucker gut verquirlen. Zuerst ein wenig der Mascarpone-Joghurt-Mischung in ein Glas oder eine Schale geben, anschließend eine Schicht aus Spekulatius und eine aus Birnen darauf geben und so oft wiederholen, bis die Zutaten aufgebraucht sind. Zuletzt mit einem Schuss Williams-Christ-Likör verfeinern. Gut durchziehen lassen!

Biskuitbäumchen

WINTERWALD MAL ANDERS

ca. 12 Stück | ca. 45 Minuten (ohne Kühlzeit) | anspruchsvoll

ZUTATEN

Für den Teig:

- 100 g gemahlene Mandeln
- 75 g Zucker
- 25 g Mehl
- 25 g Speisestärke
- 3 Eier
- 1 Prise Salz

Zum Verzieren:

- 150 g Puderzucker
- 100 g Kokosflocken
- Saft von ½ Zitrone
- silberne Zuckerperlen

ZUBEREITUNG

Den Backofen auf 180 °C vorheizen. Aus Backpapier zwölf Kreise mit ca. 16 Zentimetern Durchmesser schneiden. Vom Rand zur Mitte hin einschneiden, kegelförmig einrollen und mit Büroklammern fixieren. Kegel mit der Spitze nach unten in ein kleines Gefäß stellen. Eier trennen und die Eiweiße mit dem Salz zu steifem Schnee schlagen, dabei den Zucker langsam einrieseln lassen. Eigelbe unterrühren. Mandeln mit Mehl und Stärke mischen und vorsichtig unter die Eiermasse heben. Teig in einen Spritzbeutel geben und in die Papierkegel füllen. Im Ofen 15 bis 20 Minuten backen. Die Minibäume auf ein Gitter stellen, erkalten lassen und das Papier entfernen. Puderzucker mit Zitronensaft glatt rühren, die Kegel rundherum dünn einpinseln und in Kokosflocken wälzen. Die Bäumchen jeweils mit Zuckerguss und silbernen Zuckerperlen verzieren.

Marzipanstollen

GEPUDERTE KÖSTLICHKEIT

2 Stück | ca. 50 Minuten (ohne Gehen) | anspruchsvoll

ZUTATEN

- 1 kg Mehl (am besten Dinkelmehl Typ 630)
- 400 g Marzipan
- 400 g flüssige Butter
- 100 g frische Hefe
- 200 g Rosinen
- 200 g gemahlene Mandeln
- 200 g Zucker
- je 150 g fein gehacktes Zitronat und Orangeat
- ½ l Milch
- einige Tropfen Bittermandelaroma
- 2 Prisen geriebene Muskatnuss
- 1 Msp. Bourbonvanille
- gemahlene Gewürznelken
- Zimt
- Salz

Zum Verzieren:

- Butter
- Puderzucker

ZUBEREITUNG

Die Hefe mit lauwarmer Milch und etwas Zucker in einer kleinen Schüssel verrühren und an einem warmen Ort, zum Beispiel dem auf 50 °C vorgeheizten Backofen, mit einem feuchten Tuch abgedeckt, ca. 20 Minuten gehen lassen. Alle Zutaten außer Rosinen und Marzipan in die Rührschüssel der Küchenmaschine füllen, den aufgegangenen Hefeteig dazugeben und durchkneten. Alles zusammen mindestens eine Stunde gehen lassen. Danach die Rosinen vorsichtig unterheben. Den Teig halbieren. Jedes Stück zu einem Rechteck ausrollen und mit dem ebenfalls ausgerollten Marzipan belegen. Die Teigstücke zu zwei Stollen formen. Nochmals gehen lassen und bei 150 °C etwa 40 Minuten backen. Noch warm mit Butter bestreichen und dick mit Puderzucker bestreuen. Ausgekühlt in Alufolie wickeln und am besten im ungeheizten Keller durchziehen lassen.

Walnussecken

KNACKIGE QUADRATE

ca. 24 Stück | ca. 1 Stunde | leicht

ZUTATEN

Für die Masse:

* 200 g Walnusskerne
* 100 g getrocknete Aprikosen
* 100 g Rohrzucker
* 2 große Bio-Limetten
* 1 Ei
* 1 TL Backpulver
* 1 TL Zimt

Zum Verzieren:

* ca. 24 Walnusshälften
* 100 g Puderzucker
* 2 EL Limettensaft
* 1 EL Butter

Außerdem:

* 2 Oblaten (12 x 20 cm)

ZUBEREITUNG

Walnusskerne im Blitzhacker fein mahlen, mit Backpulver und Zimt mischen. Die Limetten heiß waschen, abtrocknen und die Hälfte der Schale fein abreiben. Den Saft auspressen (ca. 60 Milliliter), zwei Esslöffel davon abnehmen und für die Glasur bereitstellen. Restlichen Limettensaft und -schale zusammen mit den Aprikosen in der Küchenmaschine fein zerkleinern. Den Backofen auf 150 °C vorheizen. Das Backblech mit Backpapier auslegen und die Oblaten darauf verteilen. Das Ei und den Rohrzucker mit den Schneebesen des Handrührgeräts auf höchster Stufe etwa fünf Minuten dickschaumig schlagen. Alle vorbereiteten Zutaten unterheben. Die Masse gleichmäßig auf die Oblaten streichen. Im Backofen (mittlere Schiene) ca. 35 Minuten backen. Den Puderzucker, den übrigen Limettensaft und die Butter in einem kleinen Topf unter Rühren erhitzen. Das Blech aus dem Ofen nehmen, die gebackenen Oblaten sofort jeweils in zwölf Rechtecke (ca. 4 x 5 Zentimter) schneiden, mit der Glasur bestreichen und mit den Nusshälften belegen.

Tipp

Die Walnüsse nur mit sanftem Druck knacken, damit sie sich im Ganzen aus der Schale lösen lassen und nicht zerbröseln!

Pekannussriegel

MIT KARAMELLCREME

ca. 40 Stück | ca. 40 Minuten (ohne Kühlzeit) | anspruchsvoll

ZUTATEN

Für den Teig:

* 240 g Mehl
* 150 g dunkle Kuvertüre
* 120 g Butter
* 50 g weißer Zucker
* ½ TL Backpulver

Für die Masse:

* 250 g Pekannüsse
* 180 g Butter
* 175 ml Kondensmilch (10 Prozent Fett)
* 120 g brauner Zucker
* 2 EL Honig

Zum Verzieren:

* 50 g weiße Kuvertüre
* 50 g dunkle Kuvertüre

ZUBEREITUNG

Ein Blech mit Backpapier auslegen. Für den Teig dunkle Kuvertüre hacken, über einem heißem Wasserbad zerlassen. Mehl, Backpulver und Butter krümelig mischen. Mit weißem Zucker und Kuvertüre zu einem Teig verkneten und auf das Blech drücken. Oberfläche mit einer Gabel einstechen. Im vorgeheizten Ofen bei 170 °C auf der zweiten Schiene von unten ca. 18 Minuten backen. Für die Masse Butter, braunen Zucker, Honig und Kondensmilch schmelzen und etwa 15 Minuten köcheln lassen. Nüsse ohne Fett anrösten, unter die Zuckermasse rühren und sofort auf den Teig geben. Über Nacht in den Kühlschrank stellen. Zum Verzieren weiße und dunkle Kuvertüre grob hacken und getrennt über einem heißen Wasserbad schmelzen. In zwei Gefrierbeutel füllen, je eine kleine Spitze abschneiden und mit der weißen und anschließend mit der dunklen Kuvertüre feine Fäden über die Teigfläche ziehen. Fest werden lassen und in etwa 2 x 7 Zentimeter große Streifen schneiden.

Mozartkrapfen

KUNSTVOLLES BACKWERK

ca. 40 Stück | ca. 40 Minuten (ohne Kühlzeiten) | anspruchsvoll

ZUTATEN

Für den Teig:

* 225 g Mehl
* 125 g gemahlene Haselnüsse
* 100 g kalte Butter
* 75 g Zucker
* 1 Ei
* 1 Prise Salz

Für die Füllung:

* 100 g weiche Butter
* 75 g gemahlene Haselnüsse
* 75 g Puderzucker
* 2 EL Rum

Zum Verzieren:

* ca. 40 ganze Haselnüsse
* einige Tupfer der Füllung
* Puderzucker

ZUBEREITUNG

Mehl, Salz, gemahlene Haselnüsse, Zucker, Ei und Butter in Flocken zu einem Mürbeteig verkneten. In Frischhaltefolie wickeln und 30 Minuten in den Kühlschrank stellen. Für die Füllung die gemahlenen Haselnüsse in einer kleinen Pfanne ohne Fett unter Rühren rösten, bis sie duften. Herausnehmen und abkühlen lassen. Butter, Puderzucker und Rum mit dem Handrührgerät cremig schlagen. Die gerösteten Haselnüsse dazugeben und glatt rühren. Zugedeckt bis zum Gebrauch in den Kühlschrank stellen. Ofen auf 180 °C vorheizen. Den Teig auf einer bemehlten Arbeitsfläche zwei bis drei Millimeter dick ausrollen. Etwa 80 Kreise ausstechen, auf ein Blech mit Backpapier legen und im Ofen ca. 10 bis 15 Minuten backen. Plätzchen komplett auskühlen lassen. Die Creme bei Zimmertemperatur etwas aufwärmen lassen und in einen Spritzbeutel füllen. Etwas Creme auf den Plätzchen verteilen und je zwei Kreise zusammensetzen. Anschließend je einen Tupfen auf die Doppeldecker spritzen, mit einer ganzen Nuss dekorieren und mit etwas Puderzucker bestäuben. Die Plätzchen bis zum Verzehr kühl lagern.

Für Nussknacker

Geschickt aufgefädelt!

Verschenken oder lieber behalten? Der haltbare kleine Strauß aus Nordmanntanne und Seidenkiefer macht die Entscheidung schwer. Eine Kette aus auf Draht gefädelten Nüssen sowie Schleifenband in Bordeauxrot ziehen die Blicke auf sich.

Ein Blick in die Menükarte verrät: Das wird ein FESTMAHL! Für den Kartenständer Mandeln dicht an dicht in eine rechteckige Schale setzen und mit Klebstoff fixieren. Nach dem Trocknen aus der Form nehmen, vereinzelt mit Silberspray veredeln und mit Band umwickeln.

Reine FORMSACHE. Mit silberfarbenem Heißkleber aneinander befestigt und zum Kreis geformt, sind diese natürlichen und zugleich individuellen Serviettenringe im Handumdrehen selbst gebastelt.

Erdnuss-Cookies

ZUTATEN (für ca. 34 Stück): 250 g Mehl, 180 g Zucker, 125 g Erdnusscreme, 75 g weiche Butter, 75 g gehackte Zartbitter-Schokolade, 1 Ei, 1 Pck. Vanillezucker, ½ TL Natron, etwas geschmolzene dunkle Kuvertüre, einige gehackte Erdnüsse, evtl. 1–2 EL Milch

ZUBEREITUNG: Butter, Erdnusscreme, Zucker, Vanillezucker und Ei mit dem Knethaken cremig rühren. Mehl, Natron und Schokolade untermischen. Sollte der Teig zu trocken sein, gibt man noch etwas Milch dazu. In Frischhaltefolie gewickelt für ca. zwei Stunden (oder über Nacht) in den Kühlschrank stellen. Teig nochmals durchkneten, zu zwei Rollen (Durchmesser ca. drei Zentimeter) formen und in einen Zentimeter dicke Scheiben schneiden. Die Kekse werden auf zwei mit Backpapier belegte Backbleche verteilt und bei ca. 160 °C 20 bis 24 Minuten gebacken. Nach dem Abkühlen die Kekse mit flüssiger Kuvertüre und je einer Erdnusshälfte dekorieren.

Nusskugel

NATÜRLICH SCHÖNER KERZENHALTER

ca. 30 Minuten | mittel

DAS BRAUCHEN SIE

- Steckschaumkugel
- Teelicht
- Haselnüsse
- Schleifenband
- Heißkleber
- Schere
- Christrose
- evtl. Tuch

SO WIRD'S GEMACHT

Zunächst die Haselnüsse evtl. mit einem feuchten Tuch von Schmutz befreien und gut trocknen lassen. Im Anschluss die Nüsse mit Heißkleber dicht an dicht auf die Steckschaumkugel kleben. Dabei genügend Platz für das Teelicht frei lassen. Oben beginnen und ab der zweiten Reihe versetzt zur darüberliegenden Reihe anordnen. Den oberen Rand des Teelichts mit Band umkleben. Teelicht in die Lücke der Kugel stellen und mit Heißkleber fixieren. Christrose mit Band verschönern und zwischen die Nüsse stecken.

Tipp

Die Christrose soll lange frisch bleiben? Einfach in ein wassergefülltes Glasröhrchen stellen und dann anbinden.

Cantuccini

ITALIENISCHER SNACK ZUM KAFFEE

ca. 50 Stück | ca. 1 Stunde (ohne Kühl- und Trockenzeiten) | anspruchsvoll

ZUTATEN

- 250 g Mehl
- 180 g Zucker
- 175 g Mandeln
- 25 g warme Butter
- 2 Eier
- 2 Pck. Vanillezucker
- 4–5 TL Kakaopulver
- 1 TL Backpulver
- ½ Fläschchen Bittermandelöl
- 1 Prise Salz

ZUBEREITUNG

Mandeln kurz in kochendes Wasser geben, in ein Sieb schütten, kalt abbrausen und häuten. Auf einem Tuch ausbreiten und über Nacht trocknen lassen. Mehl, Zucker, Backpulver, Vanillezucker, Bittermandelöl, Salz und Kakaopulver auf einer Arbeitsfläche häufen. In die Mitte eine Mulde eindrücken, Butter und Eier hineingeben. Alles zu einem klebrigen Knetteig verarbeiten. Die Mandeln unterheben. Den Teig mit etwas Mehl zu einer Kugel formen, 30 Minuten kalt stellen und anschließend in sechs Teile schneiden. Aus jedem eine 25 Zentimeter lange Rolle formen. Das Blech mit Backpapier auslegen und die Rollen im Abstand von acht Zentimetern voneinander darauflegen. Im vorgeheizten Backofen bei ca. 200 °C 15 Minuten vorbacken, kalt werden lassen und dann schräg in einen Zentimeter dicke Scheiben schneiden. Plätzchen je mit einer der beiden Schnittflächen auf das Backblech legen und noch einmal etwa zehn Minuten bei 200 °C rösten. Die Cantuccini müssen zum Schluss goldbraun sein. Auskühlen lassen und in einer Blechdose aufbewahren, damit sie nicht weich werden.

Schokokuchen

EXTRAREICH UND SAFTIG

ca. 12–16 Stücke | ca. 40 Minuten (ohne Kühlzeit) | leicht

ZUTATEN

Für den Teig:

- 450 g dunkle Kuvertüre
- 450 g Butter
- 300 ml Schlagsahne
- 200 g Zucker
- 8 verquirlte Eier

Zum Verzieren:

- Kakaopulver

ZUBEREITUNG

Kuvertüre, Butter und Schlagsahne in der Mikrowelle schmelzen. Zucker hinzufügen und unter Rühren in der Masse auflösen. Dann nach und nach die Eier dazugeben und gut vermischen. Die Masse in eine gebutterte Springform (ca. 24 Zentimeter Durchmesser) füllen und im vorgeheizten Ofen bei 180 °C etwa 30 Minuten backen. Kuchen in der Form abkühlen lassen, anschließend herauslösen, in Folie einpacken und über Nacht in den Kühlschrank legen. Mit Kakaopulver bestäuben.

Tipp

Wer es noch schokoladiger mag, raspelt kleine Röllchen von dunkler Kuvertüre ab und drapiert sie auf den einzelnen Kuchenstücken.

Impressum

HERAUSGEBER	BLOOM's GmbH, Ratingen
STYLING	Marion Bauer, Team BLOOM's
REDAKTION	Hella Henckel (vwtl.)
TEXT/KONZEPTION	Karen Meier-Ebert, Laura Marx, Evelyn Schinckel, Lale Akarsu
GRAFIK DESIGN	Mandy Schubert
DTP	Bettina Münch
FOTOS	Patrick Pantze Images GmbH, Lage Weitere Fotos: Fotolia: A_Bruno (S. 51), Africa Studio (S. 55, 108), A_Lein (S. 20), alho007 (S. 96), Alliance (S. 71), amizadon (Cover Rückseite, S. 5, 8, 12, 21, 36, 74, 85, 95, 103, 116, 120), andersphoto (S. 85), Anterovium (S. 46, 47), arinahabich (S. 71), Artem Shadrin (S. 55, 111), artjazz (S. 12), binik (S. 26), bit24 (S. 107), Björn Wylezich (S. 99), B. und E. Dudzi´nski (S. 4), carballo (S. 119), Christ Brignell (S. 18), Christian Jung (S. 81), Coloures-pic (S. 108), designelements (S. 74), Dionisvera (S. 26), dusk (S. 62), Edenwithin (S. 63), exopixel (S. 77), Family Business (S. 61), Janina Dierks (Cover Rückseite), Jenny Sturm (S. 66, 67), kaanates (S. 74, 116), kite_rin (S. 2), kitsananan (S. 92), kogytuk (S. 60, 78), kovaleva_ka (S. 100), kukumalu (S. 40/41, 43), kuvona (S. 50),LianeM. (S. 108), Light Impression (S. 55), magdal3na (S. 3, 7, 22, 35, 44, 48, 52, 81, 99, 104, 119), M.studio (S. 65), mythja (S. 77), nbixer (S. 60), okkijan2010 (S. 75), oksix (S. 92, 100), oly5 (S. 88/89, 91), pageseventeen (S. 68), Patrick Daxenbichler (S. 51), paulmz (S. 14/15, 17), Petra Schüller (S. 78), picxeller (S. 21), pongsak1 (S. 104), redhorst (S. 80), rcfotostock (S. 64), royaltystockphoto (S. 56/57, 59), Studio7192 (S. 86), torriphoto (S. 25), tuja66 (S. 11, 63, 82), udra11 (S. 32, 64, 77, 96), valery121283 (S. 92), victoria p. (S. 12, 105), VRD (S. 39), vulcanus (S. 18, 25, 39, 47, 67, 68, 86), Xavier (S. 57), yvdavid (S. 11, 81); Shutterstock: S. 28/29, 31
DRUCK	Westermann Druck Zwickau GmbH, Zwickau

© BLOOM's GmbH
Am Potekamp 6, D-40885 Ratingen
T +49 2102 9644-0, F +49 2102 896073
info@blooms.de

1. Auflage 2016
ISBN 978-3-945429-59-4

www.blooms.de